Когда мне грустно
When I Am Gloomy

Сэм Сагольски
Иллюстрации Дарьи Смысловой

www.kidkiddos.com
Copyright ©2025 by KidKiddos Books Ltd.
support@kidkiddos.com

All rights reserved. No part of this book may be reproduced in any form or by any electronic or mechanical means, including information storage and retrieval systems, without written permission from the publisher, except in the case of a reviewer, who may quote brief passages embodied in critical articles or in a review.
First edition, 2025

Translated from English by Aleksandra Mykhailichenko
Александра Михайличенко Aleksandra Mykhailichenko

Library and Archives Canada Cataloguing in Publication
When I Am Gloomy (Russian English Bilingual edition)/Shelley Admont
ISBN: 978-1-0497-0779-2 paperback
ISBN: 978-1-0497-0780-8 hardcover
ISBN: 978-1-0497-0781-5 eBook

Please note that the Russian and English versions of the story have been written to be as close as possible. However, in some cases they differ in order to accommodate nuances and fluidity of each language.

Однажды пасмурным утром я проснулась грустной.
One cloudy morning, I woke up feeling gloomy.

Я встала с постели, укуталась в своё любимое одеяльце и пошла в гостиную.
I got out of bed, wrapped myself in my favorite blanket, and walked into the living room.

— *Мамочка!* — *позвала я.* — *У меня плохое настроение.*
"Mommy!" I called. "I'm in a bad mood."

Мама подняла глаза от книги:
— *Почему, дорогая? Что случилось?*
Mom looked up from her book. "Bad? Why do you say that, darling?" she asked.

— *Посмотри на меня,* — *сказала я, показывая на нахмуренные брови.*
Мама мягко улыбнулась.
"Look at my face!" I said, pointing to my furrowed brows. Mom smiled gently.

— *Сегодня я в плохом настроении,* — *пробормотала я.* — *Ты всё равно меня любишь, когда мне грустно?*
"I don't have a happy face today," I mumbled. "Do you still love me when I'm gloomy?"

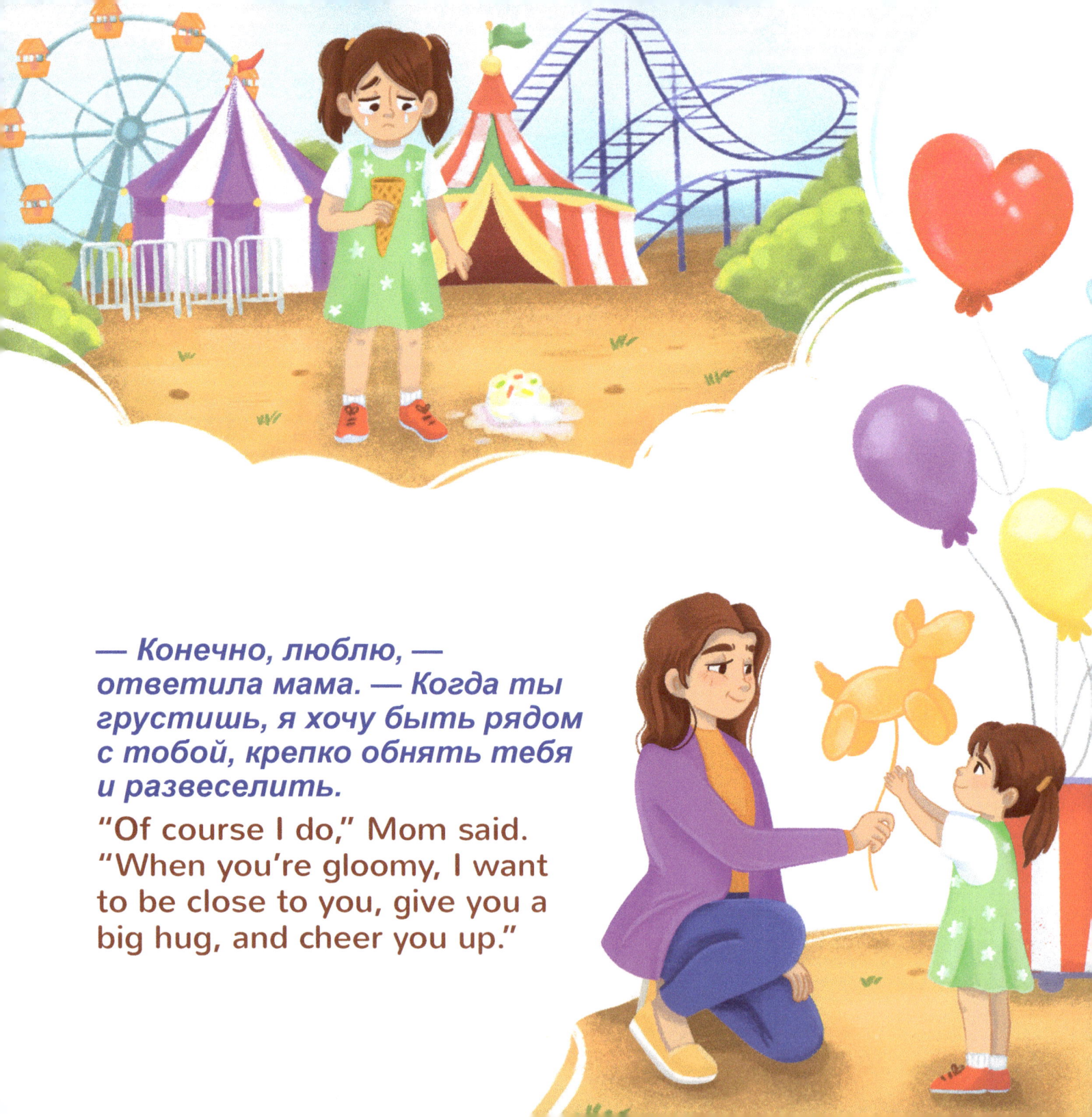

— *Конечно, люблю, — ответила мама. — Когда ты грустишь, я хочу быть рядом с тобой, крепко обнять тебя и развеселить.*

"Of course I do," Mom said. "When you're gloomy, I want to be close to you, give you a big hug, and cheer you up."

Это немного подняло мне настроение, но только на секунду, потому что потом я начала размышлять обо всех своих других настроениях.

That made me feel a little better, but only for a second, because then I started thinking about all my other moods.

— А ты любишь меня, даже когда я злюсь? — спросила я.
"So... do you still love me when I'm angry?"

Мама снова улыбнулась:
— Конечно, люблю.
Mom smiled again. "Of course I do!"

— Честно? — спросила я, скрестив руки на груди.
"Are you sure?" I asked, crossing my arms.

— *Даже когда ты сердишься, я ведь твоя мама и всё так же тебя люблю.*

"Even when you're mad, I'm still your mom. And I love you just the same."

*Я глубоко вздохнула.
— А когда я стесняюсь? — тихо спросила я.*
I took a big breath. "What about when I'm shy?" I whispered.

— Конечно, милая, я люблю тебя и тогда, — ответила мама. — Помнишь, как ты пряталась за мной и боялась заговорить с новым соседом?
"I love you when you're shy too," she said. "Remember when you hid behind me and didn't want to talk to the new neighbor?"

Я кивнула. Это я хорошо запомнила.
I nodded. I remembered it well.

— А потом ты всё-таки сказала «привет» и у тебя появился новый друг. Я так гордилась тобой.

"And then you said hello and made a new friend. I was so proud of you."

— А когда я задаю слишком много вопросов, ты всё так же меня любишь? — не унималась я.

"Do you still love me when I ask too many questions?" I continued.

— Когда ты спрашиваешь и узнаёшь новое, я вижу, как ты растёшь, становишься умнее и взрослее с каждым днём, — улыбнулась мама. — И, конечно, я всё так же тебя люблю.

"When you ask a lot of questions, like now, I get to watch you learn new things that make you smarter and stronger every day," Mom answered. "And yes, I still love you."

— А если мне совсем не хочется говорить? — спросила я.

"What if I don't feel like talking at all?" I continued asking.

— Иди ко мне, — позвала мама.
Я села к ней на колени и положила голову на плечо.

"Come here," she said. I climbed into her lap and rested my head on her shoulder.

— *Когда тебе не хочется говорить и ты просто хочешь побыть одна, твоя фантазия оживает. И я обожаю наблюдать за тем, что ты придумываешь.*

"When you don't feel like talking and just want to be quiet, you start using your imagination. I love seeing what you create," Mom answered.

Потом мама прошептала мне на ухо:
— *Я люблю тебя, милая, и тогда, когда ты тихая.*
Then she whispered in my ear, "I love you when you're quiet too."

— А если я чего-то боюсь, ты всё равно меня любишь? — спросила я.

"But do you still love me when I'm afraid?" I asked.

— Конечно, — ответила мама. — Даже когда ты боишься, мы вместе проверяем под кроватью и в шкафу, чтобы убедиться, что монстров нет.

"Always," said Mom. "When you're scared, I help you check that there are no monsters under the bed or in the closet."

Она поцеловала меня в лоб:
— Ты очень смелая, моя дорогая.
She kissed me on the forehead.
"You are so brave, my sweetheart."

— А когда ты ложишься отдыхать, — добавила она тихо, — я накрываю тебя одеялом, приношу твоего медвежонка и пою нашу любимую песенку.

"And when you're tired," she added softly, "I cover you with your blanket, bring you your teddy bear, and sing you our special song."

— А если у меня слишком много энергии? — спросила я, вскочив на ноги.
"What if I have too much energy?" I asked, jumping to my feet.

Мама рассмеялась:
— Когда ты полна энергии, мы катаемся на велосипедах, прыгаем через скакалку или гоняемся друг за другом на улице, и мне всё это очень нравится делать вместе с тобой!
She laughed. "When you're full of energy, we go biking, skip rope, or run around outside together. I love doing all those things with you!"

— *А ты любишь меня, когда я не хочу есть брокколи?* — *я показала язык.*

"But do you love me when I don't want to eat broccoli?" I stuck out my tongue.

Мама усмехнулась.
— *Как тогда, когда ты подкинула свою брокколи Максу? Ему она очень понравилась.*

Mom chuckled. "Like that time you slipped your broccoli to Max? He liked it a lot."

— *Ты это видела?* — *удивилась я.*
"You saw that?" I asked.

— *Конечно видела. Но я всё равно тебя люблю.*
"Of course I did. And I still love you, even then."

Я задумалась на мгновение и задала последний вопрос:
I thought for a moment, then asked one last question:

— Мамочка, если ты любишь меня, когда я грустная или злюсь... ты любишь меня и тогда, когда я счастливая?
"Mommy, if you love me when I'm gloomy or mad... do you still love me when I'm happy?"

— О, моя милая, — сказала она, снова обнимая меня, — когда ты счастлива, я счастлива тоже.
"Oh, sweetheart," she said, hugging me again, "when you're happy, I'm happy too."

Она поцеловала меня в лоб и добавила:
— Я люблю тебя, когда ты счастлива, так же сильно, как и тогда, когда ты грустишь, сердишься, смущаешься или устала.
She kissed me on the forehead and added, "I love you when you're happy just as much as I love you when you're sad, or mad, or shy, or tired."

*Я прижалась к ней и улыбнулась:
— Значит, ты любишь меня всегда?*

I snuggled close and smiled. "So... you love me all the time?" I asked.

— Всегда, — ответила мама. — С любым настроением и каждый день. Я сильно-сильно тебя люблю.

"All the time," she said. "Every mood, every day, I love you always."

— Когда она это говорила, я почувствовала, как в моём сердце стало тепло.

As she spoke, I started feeling something warm in my heart.

Я посмотрела в окно и увидела, как облака медленно уплывают. Выглянуло солнце, и небо стало голубым.

I looked outside and saw the clouds floating away. The sky was turning blue, and the sun came out.

Похоже, что день всё-таки будет чудесным.

It looked like it was going to be a beautiful day after all.

www.ingramcontent.com/pod-product-compliance
Lightning Source LLC
LaVergne TN
LVHW072111060526
838200LV00061B/4865